Garfield

D1205108

ALBUM GARFIELD #16

PRESSES AVENTURE

Copyright © 2006 par PAWS, Inc. Tous droits réservés.
www.garfield.com
Garfield et les autres personnages Garfield sont des marques déposées ou non
déposées de Paws inc.

Publié par **Presses Aventure,** une division de
Les Publications Modus Vivendi inc.
55, rue Jean-Talon Ouest, 2e étage
Montréal (Québec)
Canada
H2R 2W8

Conception de la couverture : Marc Alain
Infographie : Modus Vivendi
Version française : Jean-Robert Saucyer

Dépôt légal, 1er trimestre 2006
Bibliothèque nationale du Québec
Bibliothèque nationale du Canada

ISBN : 2-89543-329-1

Tous droits réservés. Imprimé en Chine. Aucune section de cet ouvrage ne
peut être reproduite, mémorisée dans un système central ou transmise de
quelque manière que ce soit ou par quelque procédé, électronique, mécanique,
photocopie, enregistrement ou autre, sans la permission écrite de l'éditeur.

Nous reconnaissons le soutien financier du gouvernement du Canada par
l'entremise du Programme d'aide au développement de l'industrie de l'édition
(PADIÉ) pour nos activités d'édition.

Gouvernement du Québec – Programme de crédit d'impôt pour l'édition de
livres – Gestion SODEC

© 1987 PAWS, INC. All Rights Reserved.

UNE CHOSE ME DÉPLAÎT À PROPOS DE NOËL: ADRESSER TOUTES LES CARTES DE VŒUX

TU POURRAIS RÉDUIRE LA TÂCHE DE MOITIÉ...

ADRESSE-LA À TON PÈRE ET TA MÈRE!

12/21

EUH-

JIM DAVIS

12-22

-OH ...

AAAARRRGGHHH!!!

SLURP!
SLURP!
SLURP!

GARFIELD, JE SAIS QUE TU AS HÂTE À NOËL

COMME JE SAIS QUE TU ES CURIEUX DE SAVOIR QUEL EST TON CADEAU

MAIS RANGE CE DÉTECTEUR DE MÉTAL!

JIM DAVIS   12-23

©1988 PAWS, INC. All Rights Reserved.

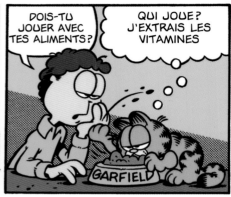

© 1988 PAWS, INC. All Rights Reserved.

©1988 PAWS, INC. All Rights Reserved.

RIEN N'ÉGALE UNE SOIRÉE CALME À LA MAISON!

CLIC

CLIC
CLIC
CLIC
CLIC

MIAM
MIAM
MIAM

PONK!

GRATT
GRATT
GRATT
GRATT

PAS ICI, À TOUT LE MOINS!

©1988 PAWS, INC. All Rights Reserved.

ÇA Y EST!

J'AI TROUVÉ LE REMÈDE À LA CRAMPE DES ÉCRIVAINS!

LA PARALYSIE DUE À LA PAGE BLANCHE!

LA PLUPART DES ENFANTS ADORENT LA NEIGE

ILS CONSTRUISENT DES FORTS ET LIVRENT DES COMBATS DE BOULES DE NEIGE

LES MIENS VISENT LA DOMINATION MONDIALE

SI JON REFUSE D'OUVRIR NOUS DÉFONÇONS!

TAP

DIFFICILE DE FAIRE MONTER LA PRESSION, ENFONCÉS DANS LA NEIGE!

© 1988 PAWS, INC. All Rights Reserved.

QUEL EST VOTRE PROBLÈME, LES GARS?

NOUS EXIGEONS DES PLACARDS SÉPARÉS

ME VOICI ENCORE À RÉFLÉCHIR À MON EXISTENCE

... À MA PLACE DANS L'UNIVERS

... AUX EXCÈS DE TABLE QUI M'EMPÊCHENT DE BOUGER

S'IL Y AVAIT UN SIGNE POUR TE FAIRE COMPRENDRE QUE TU ES TROP GROS

VADABOUM

ALORS, QU'EN DÉDUIS-TU?

QUE DÉSORMAIS JE PRENDRAI MES REPAS SUR LE SOL

©1988 PAWS, INC. All Rights Reserved.

CLIC!

QU'Y A-T-IL, GARFIELD? UN INCENDIE? UN VOLEUR DANS LA MAISON?

PIS ENCORE! L'AMPOULE DU FRIGO EST GRILLÉE!

ODIE BAVE TANT QUE JE DEVRAIS TÉLÉPHONER AU PLOMBIER!

CE N'EST QU'UNE FAÇON DE PARLER, GARFIELD!

PLOUP
PLOUP
PLOUP
PLOUP
PLOUP
PLOUP
PLOUP

COUIC

© 1988 PAWS, INC. All Rights Reserved.

TU DEVRAIS PEUT-ÊTRE SAUTER LE DESSERT, CE SOIR

PAF PAF PAF PAF PAF

JON! PARLE MOI! TU DÉLIRES, VIEUX!

TU M'AS REMIS LES IDÉES EN PLACE

ON DIT QUE LES MAÎTRES RESSEMBLENT SOUVENT À LEURS ANIMAUX FAMILIERS

JE FERAIS BIEN DE ME RASER

JE COURS CHEZ UN CHIRURGIEN ESTHÉTIQUE

LES CHATS SUSCITENT PLUSIEURS ÉMOTIONS CHEZ LES HUMAINS: L'ÉMERVEILLEMENT, L'AMOUR. LE PLAISIR☐...

LA CULPA-BILITÉ

34

MUNCH
MUNCH
MUNCH

MUNCH
MUNCH
MUNCH

AIMERAIS-TU UN TUBA?

QU'ESSAIE-T-IL DE ME DIRE?

BIENVENUE À «SIFFLONS POUR LE POGNON!»

LE JEU TÉLÉVISÉ LE PLUS STUPIDE QUI SOIT

IL SEMBLE QUE LES PARTISANS DE LA PUBLICITÉ VÉRITÉ AIENT ENCORE FRAPPÉ

AHA!

VOYONS COMMENT TU T'EN SORTIRAS AVEC GRÂCE!

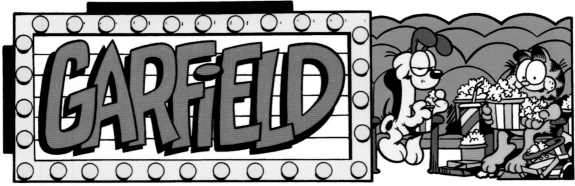

© 1988 PAWS, INC. All Rights Reserved.

DE QUOI AI-JE L'AIR?

D'UN VIEUX DÉBRIS À QUELQUES ANNÉES PRÈS

JE PORTE PLUTÔT BIEN MES RONDEURS

DEPUIS LE TEMPS, T'AS LA PRATIQUE!

CROIS-TU QUE LES ANS FINIRONT PAR ALTÉRER MON PROFIL?

SI, AVEC UN PEU DE CHANCE

AI-JE UN MENTON VOLONTAIRE?

DUQUEL PARLES-TU?

MERCI DE TES IMPRESSIONS, NERMAL!

JE T'EN PRIE

GARFIELD, SI UN CAMBRIOLEUR S'INTRODUISAIT DANS LA MAISON, RISQUERAIS-TU TA VIE POUR ME SAUVER?

UN INSTANT S.V.P.

HA! HA! HA! HA! HA! HA! HA!

JE REFORMULE MA QUESTION

IRMA, EST-CE DU THÉ OU DU CAFÉ?

QU'EST-CE QUE CELA GOÛTE?

L'ESSENCE DE TÉRÉBENTHINE

ALORS, C'EST DU CAFÉ. NOTRE THÉ GOÛTE L'HUILE DE TRANSMISSION

UN PHILOSOPHE A DIT: «JE PENSE, DONC JE SUIS.»

PAUVRE ODIE! IL N'A PAS CONSCIENCE DE SON INEXISTENCE!

©1988 PAWS, INC. All Rights Reserved.

©1988 PAWS, INC. All Rights Reserved.

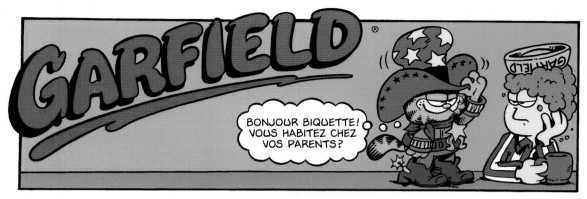

©1988 PAWS, INC. All Rights Reserved.

©1988 PAWS, INC. All Rights Reserved.

JIM DAVIS 4-18

TU REGARDES BEAUCOUP TROP LA TÉLÉ, GARFIELD. EN ES-TU CONSCIENT?

JE NE SAIS PAS LIRE. QUELLE EST TA RAISON?

CIEL! TU N'ES PAS MINCE!

HÉ! UN TAS DE GROS LARD PAR ICI!

4-19

JIM DAVIS

WHAM!

NOUS AVONS PASSÉ UNE BELLE JOURNÉE, GARFIELD

JIM DAVIS 4-20

UNE JOURNÉE PAISIBLE

QUI PRENDRA FIN ABRUPTEMENT SI TU CESSES DE ME FLATTER

GARFIELD, JE NE COMPRENDS PAS

LES CHATS SONT CENSÉS ÊTRE SVELTES ET AGILES

QUE T'EST-IL ARRIVÉ?

MON GRAND-ONCLE RALPH ÉTAIT SANGLIER

WOUF! WOUF! WOUF!

OH! OH!

SCRONTCH

JE T'AI MANQUÉ?

DANS SA QUÊTE IMPITOYABLE DE NOURRITURE, LE REQUIN ORANGE SCRUTE LE FOND DES OCÉANS

VOILÀ QU'IL REPÈRE LA PRÉSENCE FLOUE D'UN RADEAU FLOTTANT COMPTANT UN SEUL SURVIVANT!

©1988 PAWS, INC. All Rights Reserved.

©1988 PAWS, INC. All Rights Reserved.

©1988 PAWS, INC. All Rights Reserved.

ÇA VOUS DIT DE FAIRE UNE PROMENADE AVEC ONCLE MOMO, LES PETITS ?

SI, ONCLE MOMO

NOUS VOICI CHEZ MOI. HÉ ! QU'EST-CE QUE VOUS FAITES LÀ ?!

À L'AIDE TITOTO EST EN TRAIN DE VOLER MES ENJOLIVEURS !

CE DOIT ÊTRE LA SEMAINE OÙ ON MESURE L'AUDIMAT

BONJOUR LES PETITS ! JE VOUS AIME TELS QUE VOUS ÊTES !

JE VOUS AIME AUSSI, ONCLE MOMO !

JE PORTE UN PLÂTRE AUJOURD'HUI À CAUSE DU CLOWN TITOTO QUI M'A ATTAQUÉ ET QUE J'AIME QUAND MÊME TEL QU'IL EST ...

DERRIÈRE LES BARREAUX !

ONCLE MOMO N'EST QU'UN HOMME, APRÈS TOUT

SAVEZ-VOUS COMMENT REPÉRER UN PARESSEUX ?

UN VRAI PARESSEUX NE TERMINE JAMAIS

Z

©1988 PAWS, INC. All Rights Reserved.

© 1988 PAWS, INC. All Rights Reserved.

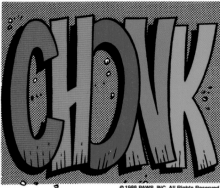

©1988 PAWS, INC. All Rights Reserved.

ON SE FAIT UNE GENTILLE SOIRÉE TÉLÉ

BLIP!

ZUT! LES FUSIBLES ONT SAUTÉ!

©1988 PAWS, INC. All Rights Reserved.

GARFIELD, GUIDE-MOI D'INSTINCT VERS LE SOUS-SOL

OUILLE! ... AÏE! OÙ ME MÈNES-TU DONC?

JE PENSES QUE NOUS SOMMES AU SOUS-SOL

TANT PIS! DORMONS ICI JUSQU'AU LEVER DU JOUR

ALORS, GENTIL SCOUT, OÙ ALLONS-NOUS À PRÉSENT?

AVEC L'ÂGE, IL DEVIENT GRINCHEUX AU RÉVEIL